1845
Die mit 8,77 Meter (Elbpegel Dresden) höchste bislang gemessene Flut überschwemmt am 30. und 31. März weite Teile Sachsens. Der Einsturz des Kruzifixpfeilers der Dresdner Elbbrücke wird als göttliche Warnung gedeutet. (Jädicke, in: Die grosse Wassersnot in Sachsen 1897. Leipzig 1898)

1854
Ende Juni/Anfang Juli führen nach einem Wolkenbruch landesweit alle Flüsse Hochwasser. Besonders schwer betroffen sind die Orte an der Weißeritz und den beiden Mulden. (Jädicke)

1858
Vom 29. bis 31. Juli werden Glauchau, Penig und Grimma überschwemmt. In einigen Orten wird Militär zur Hilfe für die Bevölkerung eingesetzt. In Grimma steigt der Wasserspiegel der Mulde auf 4,76 Meter. (Jädicke)

1884
Das Muldehochwasser steigt in Grimma auf 4,00 Meter. (Jädicke)

1897
Vom 29. Juli bis zum 3. August verwüstet ein schweres Hochwasser ganze Regionen in Sachsen. In Grimma steigt die Mulde auf 4,86 Meter an, Wurzener Straße, die Promenaden, Markt, Brückengasse, Hohnstädter Straße, Lorenzstraße, Mühlgasse, Baderplan und Kirchgasse stehen bis zu einem Meter unter Wasser. Das hölzerne Gartenhaus der Fürstenschule wird fortgeschwemmt und zerschellt an der Brücke. In der Klosterkirche steht das Wasser bis zu den Sitzen der Kirchenbänke. Nach dieser Katastrophe beginnt der Bau von Talsperren, um den Abfluß der Wassermassen steuern zu können. (Jädicke)

1954
Nach lang anhaltenden Niederschlägen treten die sächsischen Flüsse am 10. Juli über die Ufer und überfluten weite Landstriche. Trotz der Hochwasserschutzbauten im sächsischen Bergland ist auch die Messestadt Leipzig betroffen, in der Innenstadt von Grimma steht das Wasser reichlich einen halben Meter hoch. (Chronik der Stadt Leipzig 1950-1955)

GRIMMA
Die Jahrtausendflut 2002

Fotos von Gerhard Weber, Hubert Kretschmar u. a.

Texte von Brigitte Weber, Bernd Weinkauf und Stefan Militzer

STADT-BILD-VERLAG LEIPZIG

Die Hängebrücke, ein Wahrzeichen Grimmas, wird von der tosenden Mulde zerstört.

GRIMMA

Im Thale, wo die Mulde fließt,
Da steht ein Städtchen fein,
Das Niemand wieder gern vergißt,
Der einmal da kehrt ein.
Ihr Alle, Alle kennt es wohl
Und seid ihm zugethan -
Drum schenkt nur all' die Gläser voll
Und stoßt auf Grimma an.

Ferdinand Stolle, um 1840

»Noch seufzt weithin das Land und Volk unter den schweren Heimsuchungen, die mit den furchtbaren und verheerenden Wettern in jenen angstvollen Tagen und Nächten, die wir nie vergessen werden, auch über unser Sachsenland hereingebrochen sind, in denen Gott der Herr uns, die verwöhnten Kinder eines kultursatten Geschlechts, das so sicher seine Straße zieht und auf die Kraft seiner Hand, auf das Werk seines Fleißes, auf seine Beherrschung der Natur so stolz vertraut, eine gewaltige Predigt gehalten hat.« So eindringlich aktuell uns diese Worte klingen, sie wurden doch schon vor 105 Jahren gesprochen, von Oberhofprediger D. Meier am 26. September 1897 in der evangelischen Hofkirche zu Dresden. Am Ende des 19. Jahrhunderts war eine Flutwelle über Sachsen hinweggerast, ebenso unvorstellbar in ihrer Dimension wie diese zu Anfang unseres, des 21. Jahrhunderts. Hat sich jene Katastrophe damals ereignet, weil ein früheres Zeichen nicht verstanden worden ist? Am 31. März 1845 hatte ein Hochwasser ausgerechnet den Pfeiler der Dresdner Elbbrücke zum Ein-

12.8.2002, gegen 21.30 Uhr
Die Mulde beginnt zu steigen

sturz gebracht, über dem das Kruzifix, das unmißverständliche Zeichen für Leid und Erlösung, aufgerichtet war. Hat sich die jüngste Katastrophe in unseren Tagen ereignet, weil überhaupt nur noch börsennotierte Zeichen beachtet werden? In diesem Jahr konnte man an einer Dresdner Brücke die resigniert-trotzigen Feststellung lesen: »Gegen Klimakiller lassen sich keine Dämme errichten.« Damit ist deutlich genug gesagt, daß nicht »der liebe Gott« der Verursacher der Unbilden ist, sondern wir selbst, die wir ihm ins Handwerk pfuschen.

Das vorliegende Buch vereint Bilder, die Grimma in den Tagen der »Jahrhundertflut« zeigen, wie das Sommerhochwasser des Jahres 2002 bereits jetzt genannt wird. Die Katastrophe ist das eine, die Bilder sind das andere. Der Fotograf Gerhard Weber ist kein angereister Bildberichterstatter, er ist Betroffener, zugleich auch Kenner der Stadt, die er wie kein anderer mit Ausdauer und Sympathie seit vielen Jahren porträtiert. Seine Fotografien sind entstanden, während er Leib und Leben, Hab und Gut in Sicherheit bringen mußte. Er fotografiert die Retter im Schlauchboot, die ihn aus der Gefahrenzone bringen. Die Auswahl der Bilder ist ihm nicht leicht gefallen. Die unwirkliche aber doch entsetzlich reale Situation des Hochwassers vermittelt mit zauberischen Lichtreflexen und verfremdeten Räumen eine romantische Stimmung, die so gar nicht der erlebten Gefühlslage entspricht. Schönheit und Grauen im engsten Verbund, »denn das Schöne ist nichts als des Schrecklichen Anfang« (Rilke).

Daß der Fotograf in solch einer prekären Situation überhaupt seiner Arbeit nachging, mag verwundern. Aber wächst nicht gerade aus dem »normalen« Reagieren in einer unnormalen Situation die Kraft zum Bestehen in derselben? Wäre nicht Panik zu erwarten gewesen? Verzweiflung und Mutlosigkeit? Die Bürger von Grimma haben mit ihrer Tatkraft und Hoffnungsstärke Aufsehen in einer Welt erregt, in der Selbsthelfertum und Pioniergeist rar geworden sind. Woher sie die Kraft dazu genommen haben? Die einen werden es Selbstvertrauen, die anderen Gottvertrauen nennen. So unersetzbar die eigene Tat ist, sie bedarf der Unterstützung vieler. Die Unverzagtheit der Grimmaer, die unverklausulierte Sprache ihres jungen Bürgermeisters haben anspornend auf Helfer unterschiedlichster Provenienz gewirkt. Der abenteuerlustige Gymnasiast wie der politikbewußte Bundeskanzler, die Frauen und Männer von Bundeswehr, Feuerwehr und Technischem Hilfswerk und viele, viele andere Menschen haben Grimma in diesen Tagen zu »ihrer« Stadt erklärt, mitgerissen vom energischen Willen der Einwohner.

Die Mauern, die Grimma einst schützend umgaben, sind längst niedergelegt, einen Rest hat man seinerzeit belassen, nicht um marodierende Heerhaufen, sondern um das Muldehochwasser abzuwehren. Auf diesem Bollwerk besaß der Schriftsteller Ferdinand Stolle seit Ende 1847 einen Pavillon, ein Gartenhäuschen, von wo aus er den anregend idyllischen Blick ins sanfte Muldental genoß. Ob er hier die bis heute populäre »Grimmaer Hymne« erdacht hat? Ob er hier das Hochwasser von 1854 erlebt hat? Den wahren Charakter der Mulde offenbart ihr Name: Entweder, vom althochdeutschen milti hergeleitet, bezeichnet er ein stark strömendes Gewässer oder, aus der altslawischen Wortwurzel -chmel kommend, gar einen Fluß von

Blick vom Tempelberg über den Sportplatz in das Grimmaer Zentrum

zermalmender Kraft. Stolles ehemaliges Wohnhaus in der Paul-Gerhardt-Straße ist von der Flut dieses Jahres schwer beschädigt worden, das Gartenhäuschen auf der alten Schutzmauer blieb symbolischerweise fast unversehrt. So sei angesichts der bestandenen Prüfung der Stadt und ihrer Einwohner Stolles altem Loblied auf Grimma diese neue Strophe angefügt:

Selbst wenn die Flut die Stadt verheert
Und tiefe Wunden reißt,
Sei unser Grimma doch geehrt,
Weil's sich zu helfen weiß.
Mit Mut und Kraft und Phantasie
Gehn Frau und Mann zur Tat
Und aus dem Chaos retten sie
Die schönste Muldenstadt.

Bernd Weinkauf

Gegen 2 Uhr des 13. August 2002 strömte das Wasser von der Friedrich-Oettler-Straße in die Hohnstädter Straße zum Markt

Hohnstädter Straße am 13. August 2002 zwischen 2 und 4 Uhr – es wird ernst und man hilft sich.

Dramatische Rettungsaktion in der Leipziger Straße.

Hohnstädter Straße, 13. August 2002, gegen 15 Uhr – das Wasser war auf 3,50 Meter angestiegen und Rettungsboote bergen Anwohner aus den ersten Stockwerken.

Die Rettungsaktion, wie hier auf dem Markt, dauerten bis in die Mittagsstunden des 14. August 2002 an.

„Nur allein der Mensch vermag Unmögliches."

Goethe

Rolf Göthner und Pfarrer Christian Behr auf Rettungsfahrt auf und um den Markt.

„Leben, Leben, Leben – das einzige, das zählt."

Thomas Wolfe

... Matthias Berger, mehr als ein Bürgermeister.

Rettungshubschrauber waren pausenlos im Einsatz.

Mittwoch, 14. August 2002 – der Bundeskanzler Gerhard Schröder und Ministerpräsident Georg Milbrad vor Ort.

Die Weberstraße am 14. August 2002 gegen 11 Uhr.

Ungeheuerliche Schäden offenbaren sich nach Rückgang des Wassers in der Schulstraße, Langen Straße und Leipziger Straße.

13. August 2002 – 11.30 Uhr, Frauenstraße, Lorenzstraße und Markt

Kamerateams aus aller Welt berichten über Grimma.

„Wer weint nicht, wenn selbst das Unsterbliche vor der Zerstörung nicht sicher ist."

Goethe

Klosterkirche und Frauenkirche nach der Flut.

Der Buchhändler Ingo Uhde vor den Resten seiner Buchhandlung.

Meterhohe Müllberge
säumen die Hohnstädter Straße.

Paul-Gerhardt-Straße und Urbaniakstraße – die Menschen begreifen das Unfaßbare.

In der Globusbuchhandlung lagern Massen durch die Flut vernichteter Bücher.

Weberstraße – Ecke Leipziger Straße – Bilder, wie aus Kriegstagen

Bäckermeister Konrad Pommer in den Resten seiner alten Backstube.

Ursula Michael – 80 Jahre alt – gegenüber ihres überfluteten Hauses.

Zerstörte Häuser am Leipziger Platz

Beate und Joachim Mätzold vor ihrem Schuhgeschäft in der Lange Straße.

Frau Martina
Riesche,
Hohnstädter Straße.

Ines und Peter Schulze in ihrem Blumenladen.

Schüler des St. Augustin Gymnasiums räumen ihre Schule auf.

Das Ehepaar Koll vor ihrem zerstörten Uhrmachergeschäft in der Lange Straße.

Eckhard Zeugner, genannt „Ecki" inmitten des zerstörten Innenhofes seiner legendären Gaststätte „Kräutergewölbe" am Markt. Noch völlig geschockt, wollte Ecki wenige Tage nach der Flut seine Gaststätte für immer schließen. So, wie wir alle Ecki jedoch kennen, sollte es hoffentlich nicht dazu kommen! >

Paul-Gerhardt-Straße – die Schäden gleichen denen nach einem Krieg.

„Nur allein der Mensch vermag das Unmögliche." *Goethe*

Erinnerungen eines langen, schweren Lebens spülte die Flut fort.

Familie Naumann vor ihrem völlig zerstörten Haus. Am 15. Oktober 2002 erfolgte die Grundsteinlegung für ein neues Gebäude.

Baderplan –
Bild ohne Worte

Lange Straße ...

Kreuzstraße ...

„Das ist im Leben häßlich eingerichtet, daß bei den Rosen gleich die Dornen stehen." *Victor von Scheffel*

„Greif an mit Gott, dem Nächsten muß man helfen,
es kann uns allen Gleiches ja begegnen."

Schiller

Versorgungszentrum für Betroffene und Helfer auf dem Marktplatz.

Versunken in den Fluten das Klostermühltal mit der Touristenattraktion „Wassermühle", „Schiffsmühle" und „Kloster Nimbschen".

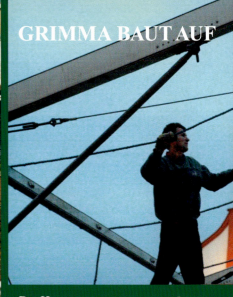

GRIMMA BAUT AUF

„Die Hoffnung ist ein viel größeres

"Stimulanz als irgendein Glück."

Nietzsche

Die zerstörte Pöppelmann-Brücke.

Dank: Der Verlag bedankt sich ausdrücklich bei allen Fotografen, die diese Bildauswahl ermöglicht haben.

Fotonachweis:

Thomas Purwin: Titel

Gerhard Weber: Seiten 3, 5-7, 10,11, 13, 14 oben li, , 17, 18 unt.,
19, 20/21, 22, 23, 24, 25, 26 ob., 27, 29 groß, 30, 31, 32, 33, 35, 37-48, 60, 78, 79, 80/81, 82/83, 84

Hubert Kretschmar: Seiten 29 klein, 36, 49, 50, 51, 52, 53, 54, 55, 56, 57,
58, 59, 61, 62, 63, 64, 65, 66, 67, 68, 69, 70, 71, 72/73, 74/75,

Ralf Zweynert: Seiten: 2, 12 ob., 14 unt. li., 15, 18 oben, 26 unt., 28, 34

Thomas Kube: Seiten: 4, 12 unt. li. u.rechts., 14 drei kleine rechts, 16,

AP: Seite 8 und 9

DPA: 9 kleines Bild

Thomas Sörnitz: Seiten 76/77

Bernhard Nathke: Seite 1

Impressum:
© by STADT-BILD-VERLAG LEIPZIG, Oktober 2002
Alle Rechte beim Verlag.
Satz, Lithos, Druck und Binden:
Leipziger Medienservice
Gerichtsweg 28 · 04103 Leipzig
Ruf: 0341-22 10 22 9 · Fax: 0341-22 10 22 6
E-mail: stadtbild@t-online.de
http//www.stadt-bild.de
ISBN 3-934572-68-5

Land unter in Sachsen – kleine Chronik der Flut

Donnerstag, 8. August
Südböhmen/Tschechien: Pegelanstieg an Moldau und Oberelbe nach Starkniederschlägen. Sächsische Elbpegel, 7.00 Uhr: Schöna: 2,00 m, Dresden: 1,68 m, Torgau: 1,38 m.

Samstag, 10. August
Dresden: Elbpegel erreicht 5,59 m; erste Schäden in Ufernähe.

Sonntag, 11. August
Sächsische Elbpegel, 7.00 Uhr – Schöna: 6,13 m (Hochwasser-Alarmstufe 3), Dresden: 5,59 m (Hochwasser-Alarmstufe 2), Torgau: 5,22 m (unterhalb der HW-Grenze)

Montag, 12. August
Sächsische Elbpegel, 7.00 Uhr – Schöna: 5,51 m, Dresden: 5,23 m, Torgau: 05,99 m

Golzern: An der Mulde ist alles ruhig: Niedrigwasser! Der Pegel zeigt 1,86 m. Dieser Wert liegt 1,34 m unter der Alarmstufe 1, die bei 3,20 mn erreicht wird.

Dresden: Das Sächsische Landesamt für Umwelt und Geologie (LfUG) gibt eine Hochwasserwarnung für alle sächsischen Flussgebiete heraus. Es werden in kürzester Zeit Pegel bis zur Alarmstufe 4 erwartet.

Erzgebirge: Flöha, Zschopau, Zwickauer- und Freiberger Mulde nähern sich im Verlaufe des Tages Hochwasser-Alarmstufe 4 oder überschreiten sie. Starke Hochwasserschäden.

Glashütte: Oberhalb des Ortes bricht um 16.30 Uhr der Damm des Prießnitz-Rückhaltebeckens. 50.000 Kubikmeter Wasser ergießen sich in den Ort und den Ortsteil Schlottwitz

Sachsen: Überschwemmung im Mittleren Erzgebirgskreis. Betroffen sind Marienberg, Olbernhau, Pockau und Pobershau. Im Kreis Aue-Schwarzenberg müssen 150 Menschen ihre Häuser verlassen. Der Landkreis Sächsische Schweiz gleicht einem Seengebiet.

Freital: Am späten Abend läuft die Talsperre Malter über; das Wasser der Roten Weißeritz – über 100.000 l pro Sekunde – stürzt durch den Plauenschen Grund in die Stadt.

Döbeln, Roßwein, Waldheim, Leißnig, Eilenburg: Die Freiberger Mulde verwüstet Döbeln. Die Altstadt steht bis zu 3,50 m unter Wasser: 650 Häuser und 570 Geschäfte sind ruiniert, 350 Hektar der Innenstadt überflutet. Roßwein, Waldheim und große Teile Leißnigs werden ebenfalls verwüstet.

Die Talsperren Lichtenberg und Carlsfeld beginnen 22.00 Uhr überzulaufen.

Dienstag, 13. August
Pegel Munzig: 2.45 Uhr. Die Triebisch hat einen Pegel von 3,98 mn erreicht. Hochwasser-Alarmstufe 4.

Sächsische Elbpegel, 4.00 Uhr – Schöna: 6,22 m, Dresden: 6,53 m, Torgau: 6,28 m

Die Talsperre Eibenstock beginnt 2.00 Uhr überzulaufen. An der Talsperre Saidenbach ist es 4.30 Uhr soweit.

Pegel Zwickau-Pölbitz: 5.45-6.30 Uhr: Die Zwickauer Mulde erreicht den Pegelhöchststand: 4,76 m. Bisheriger Spitzenwert: 4,66 m im Jahr 1954.

Golzern: Innerhalb von 34 Stunden – vom 12. August, 10.00 Uhr, bis zum 13. August, 20.00 Uhr, steigt die Mulde um rund 6,82 m auf 8,68 m an. Der größte Wasseranstieg mit 51 cm wird